碳排放权交易管理暂行条例

中国法制出版社

碳排放权交易管理暂行条例
TANPAIFANGQUAN JIAOYI GUANLI ZANXING TIAOLI

经销/新华书店
印刷/保定市中画美凯印刷有限公司
开本/850 毫米×1168 毫米　32 开　　　　　印张/0.75　字数/14 千
版次/2024 年 2 月第 1 版　　　　　　　　　2024 年 2 月第 1 次印刷

中国法制出版社出版
书号 ISBN 978-7-5216-4218-6　　　　　　　定价：5.00 元

北京市西城区西便门西里甲 16 号西便门办公区
邮政编码：100053　　　　　　　　　传真：010-63141600
网址：http://www.zgfzs.com　　　　编辑部电话：010-63141673
市场营销部电话：010-63141612　　　印务部电话：010-63141606

（如有印装质量问题，请与本社印务部联系。）

目　　录

中华人民共和国国务院令（第 775 号） ················（1）

碳排放权交易管理暂行条例 ····························（2）

司法部、生态环境部负责人就《碳排放权
　　交易管理暂行条例》答记者问 ·················（14）

中华人民共和国国务院令

第 775 号

《碳排放权交易管理暂行条例》已经2024年1月5日国务院第23次常务会议通过,现予公布,自2024年5月1日起施行。

总理　李强

2024年1月25日

碳排放权交易管理暂行条例

第一条 为了规范碳排放权交易及相关活动，加强对温室气体排放的控制，积极稳妥推进碳达峰碳中和，促进经济社会绿色低碳发展，推进生态文明建设，制定本条例。

第二条 本条例适用于全国碳排放权交易市场的碳排放权交易及相关活动。

第三条 碳排放权交易及相关活动的管理，应当坚持中国共产党的领导，贯彻党和国家路线方针政策和决策部署，坚持温室气体排放控制与经济社会发展相适应，坚持政府引导与市场调节相结合，遵循公开、公平、公正的原则。

国家加强碳排放权交易领域的国际合作与交流。

第四条 国务院生态环境主管部门负责碳排放权交易及相关活动的监督管理工作。国务院有关部门按照职责分工，负责碳排放权交易及相关活动的有关监督管理工作。

地方人民政府生态环境主管部门负责本行政区域内

碳排放权交易及相关活动的监督管理工作。地方人民政府有关部门按照职责分工，负责本行政区域内碳排放权交易及相关活动的有关监督管理工作。

第五条 全国碳排放权注册登记机构按照国家有关规定，负责碳排放权交易产品登记，提供交易结算等服务。全国碳排放权交易机构按照国家有关规定，负责组织开展碳排放权集中统一交易。登记和交易的收费应当合理，收费项目、收费标准和管理办法应当向社会公开。

全国碳排放权注册登记机构和全国碳排放权交易机构应当按照国家有关规定，完善相关业务规则，建立风险防控和信息披露制度。

国务院生态环境主管部门会同国务院市场监督管理部门、中国人民银行和国务院银行业监督管理机构，对全国碳排放权注册登记机构和全国碳排放权交易机构进行监督管理，并加强信息共享和执法协作配合。

碳排放权交易应当逐步纳入统一的公共资源交易平台体系。

第六条 碳排放权交易覆盖的温室气体种类和行业范围，由国务院生态环境主管部门会同国务院发展改革等有关部门根据国家温室气体排放控制目标研究提出，报国务院批准后实施。

碳排放权交易产品包括碳排放配额和经国务院批准

的其他现货交易产品。

第七条 纳入全国碳排放权交易市场的温室气体重点排放单位（以下简称重点排放单位）以及符合国家有关规定的其他主体，可以参与碳排放权交易。

生态环境主管部门、其他对碳排放权交易及相关活动负有监督管理职责的部门（以下简称其他负有监督管理职责的部门）、全国碳排放权注册登记机构、全国碳排放权交易机构以及本条例规定的技术服务机构的工作人员，不得参与碳排放权交易。

第八条 国务院生态环境主管部门会同国务院有关部门，根据国家温室气体排放控制目标，制定重点排放单位的确定条件。省、自治区、直辖市人民政府（以下统称省级人民政府）生态环境主管部门会同同级有关部门，按照重点排放单位的确定条件制定本行政区域年度重点排放单位名录。

重点排放单位的确定条件和年度重点排放单位名录应当向社会公布。

第九条 国务院生态环境主管部门会同国务院有关部门，根据国家温室气体排放控制目标，综合考虑经济社会发展、产业结构调整、行业发展阶段、历史排放情况、市场调节需要等因素，制定年度碳排放配额总量和分配方案，并组织实施。碳排放配额实行免费分配，并根据国家有关要求逐步推行免费和有偿相结合的分配方式。

省级人民政府生态环境主管部门会同同级有关部门，根据年度碳排放配额总量和分配方案，向本行政区域内的重点排放单位发放碳排放配额，不得违反年度碳排放配额总量和分配方案发放或者调剂碳排放配额。

第十条　依照本条例第六条、第八条、第九条的规定研究提出碳排放权交易覆盖的温室气体种类和行业范围、制定重点排放单位的确定条件以及年度碳排放配额总量和分配方案，应当征求省级人民政府、有关行业协会、企业事业单位、专家和公众等方面的意见。

第十一条　重点排放单位应当采取有效措施控制温室气体排放，按照国家有关规定和国务院生态环境主管部门制定的技术规范，制定并严格执行温室气体排放数据质量控制方案，使用依法经计量检定合格或者校准的计量器具开展温室气体排放相关检验检测，如实准确统计核算本单位温室气体排放量，编制上一年度温室气体排放报告（以下简称年度排放报告），并按照规定将排放统计核算数据、年度排放报告报送其生产经营场所所在地省级人民政府生态环境主管部门。

重点排放单位应当对其排放统计核算数据、年度排放报告的真实性、完整性、准确性负责。

重点排放单位应当按照国家有关规定，向社会公开其年度排放报告中的排放量、排放设施、统计核算方法等信息。年度排放报告所涉数据的原始记录和管理台账应当至少保存5年。

重点排放单位可以委托依法设立的技术服务机构开展温室气体排放相关检验检测、编制年度排放报告。

第十二条 省级人民政府生态环境主管部门应当对重点排放单位报送的年度排放报告进行核查,确认其温室气体实际排放量。核查工作应当在规定的时限内完成,并自核查完成之日起7个工作日内向重点排放单位反馈核查结果。核查结果应当向社会公开。

省级人民政府生态环境主管部门可以通过政府购买服务等方式,委托依法设立的技术服务机构对年度排放报告进行技术审核。重点排放单位应当配合技术服务机构开展技术审核工作,如实提供有关数据和资料。

第十三条 接受委托开展温室气体排放相关检验检测的技术服务机构,应当遵守国家有关技术规程和技术规范要求,对其出具的检验检测报告承担相应责任,不得出具不实或者虚假的检验检测报告。重点排放单位应当按照国家有关规定制作和送检样品,对样品的代表性、真实性负责。

接受委托编制年度排放报告、对年度排放报告进行技术审核的技术服务机构,应当按照国家有关规定,具备相应的设施设备、技术能力和技术人员，建立业务质量管理制度，独立、客观、公正开展相关业务，对其出具的年度排放报告和技术审核意见承担相应责任，不得篡改、伪造数据资料，不得使用虚假的数据资料或者实施其他弄虚作假行为。年度排放报告编制和技术审核的具体管理办法由国务院生态环境主管部门会同国务院有关部门制定。

技术服务机构在同一省、自治区、直辖市范围内不得同时从事年度排放报告编制业务和技术审核业务。

第十四条 重点排放单位应当根据省级人民政府生态环境主管部门对年度排放报告的核查结果，按照国务院生态环境主管部门规定的时限，足额清缴其碳排放配额。

重点排放单位可以通过全国碳排放权交易市场购买或者出售碳排放配额，其购买的碳排放配额可以用于清缴。

重点排放单位可以按照国家有关规定，购买经核证的温室气体减排量用于清缴其碳排放配额。

第十五条 碳排放权交易可以采取协议转让、单向竞价或者符合国家有关规定的其他现货交易方式。

禁止任何单位和个人通过欺诈、恶意串通、散布虚假信息等方式操纵全国碳排放权交易市场或者扰乱全国碳排放权交易市场秩序。

第十六条 国务院生态环境主管部门建立全国碳排放权交易市场管理平台,加强对碳排放配额分配、清缴以及重点排放单位温室气体排放情况等的全过程监督管理,并与国务院有关部门实现信息共享。

第十七条 生态环境主管部门和其他负有监督管理职责的部门,可以在各自职责范围内对重点排放单位等交易主体、技术服务机构进行现场检查。

生态环境主管部门和其他负有监督管理职责的部门进行现场检查,可以采取查阅、复制相关资料,查询、检查相关信息系统等措施,并可以要求有关单位和个人就相关事项作出说明。被检查者应当如实反映情况、提供资料,不得拒绝、阻碍。

进行现场检查,检查人员不得少于2人,并应当出示执法证件。检查人员对检查中知悉的国家秘密、商业秘密,依法负有保密义务。

第十八条 任何单位和个人对违反本条例规定的行为,有权向生态环境主管部门和其他负有监督管理职责的部门举报。接到举报的部门应当依法及时处理,按照国家有关规定向举报人反馈处理结果,并为举报人保密。

第十九条 生态环境主管部门或者其他负有监督管理职责的部门的工作人员在碳排放权交易及相关活动的监督管理工作中滥用职权、玩忽职守、徇私舞弊的,应当依法给予处分。

第二十条 生态环境主管部门、其他负有监督管理职责的部门、全国碳排放权注册登记机构、全国碳排放权交易机构以及本条例规定的技术服务机构的工作人员参与碳排放权交易的,由国务院生态环境主管部门责令依法处理持有的碳排放配额等交易产品,没收违法所得,可以并处所交易碳排放配额等产品的价款等值以下的罚款;属于国家工作人员的,还应当依法给予处分。

第二十一条 重点排放单位有下列情形之一的,由生态环境主管部门责令改正,处5万元以上50万元以下的罚款;拒不改正的,可以责令停产整治:

(一)未按照规定制定并执行温室气体排放数据质量控制方案;

(二)未按照规定报送排放统计核算数据、年度排放报告;

(三)未按照规定向社会公开年度排放报告中的排放量、排放设施、统计核算方法等信息;

(四)未按照规定保存年度排放报告所涉数据的原始记录和管理台账。

第二十二条 重点排放单位有下列情形之一的,由生态环境主管部门责令改正,没收违法所得,并处违法所得5倍以上10倍以下的罚款;没有违法所得或者违法所得不足 50 万元的，处 50 万元以上 200 万元以下的罚款；对其直接负责的主管人员和其他直接责任人员处 5 万元以上 20 万元以下的罚款；拒不改正的，按照 50%以上 100%以下的比例核减其下一年度碳排放配额，可以责令停产整治：

（一）未按照规定统计核算温室气体排放量；

（二）编制的年度排放报告存在重大缺陷或者遗漏，在年度排放报告编制过程中篡改、伪造数据资料，使用虚假的数据资料或者实施其他弄虚作假行为；

（三）未按照规定制作和送检样品。

第二十三条　技术服务机构出具不实或者虚假的检验检测报告的，由生态环境主管部门责令改正，没收违法所得，并处违法所得 5 倍以上 10 倍以下的罚款；没有违法所得或者违法所得不足 2 万元的，处 2 万元以上 10 万元以下的罚款；情节严重的，由负责资质认定的部门取消其检验检测资质。

技术服务机构出具的年度排放报告或者技术审核意见存在重大缺陷或者遗漏，在年度排放报告编制或者对年度排放报告进行技术审核过程中篡改、伪造数据资料，使用虚假的数据资料或者实施其他弄虚作假行为的，由生态环境主管部门责令改正，没收违法所得，并处违法所得 5 倍以上 10 倍以下的罚款；没有违法所得或者违法所得不足20万元的，处20万元以上100万元以下的罚款；情节严重的，禁止其从事年度排放报告编制和技术审核业务。

技术服务机构因本条第一款、第二款规定的违法行为受到处罚的，对其直接负责的主管人员和其他直接责任人员处2万元以上20万元以下的罚款，5年内禁止从事温室气体排放相关检验检测、年度排放报告编制和技术审核业务；情节严重的，终身禁止从事前述业务。

第二十四条　重点排放单位未按照规定清缴其碳排放配额的，由生态环境主管部门责令改正，处未清缴的碳排放配额清缴时限前1个月市场交易平均成交价格5倍以上10倍以下的罚款；拒不改正的，按照未清缴的碳排放配额等量核减其下一年度碳排放配额，可以责令停产整治。

第二十五条　操纵全国碳排放权交易市场的，由国务院生态环境主管部门责令改正，没收违法所得，并处违法所得1倍以上10倍以下的罚款；没有违法所得或者违法所得不足50万元的，处50万元以上500万元以下的罚款。单位因前述违法行为受到处罚的，对其直接负责的主管人员和其他直接责任人员给予警告，并处10万元以上100万元以下的罚款。

扰乱全国碳排放权交易市场秩序的，由国务院生态环境主管部门责令改正，没收违法所得，并处违法所得1倍以上10倍以下的罚款；没有违法所得或者违法所得不足10万元的，处10万元以上100万元以下的罚款。单位因前述违法行为受到处罚的，对其直接负责的主管人员和其他直接责任人员给予警告，并处5万元以上50万元以下的罚款。

第二十六条 拒绝、阻碍生态环境主管部门或者其他负有监督管理职责的部门依法实施监督检查的，由生态环境主管部门或者其他负有监督管理职责的部门责令改正，处2万元以上20万元以下的罚款。

第二十七条 国务院生态环境主管部门会同国务院有关部门建立重点排放单位等交易主体、技术服务机构信用记录制度，将重点排放单位等交易主体、技术服务机构因违反本条例规定受到行政处罚等信息纳入国家有关信用信息系统，并依法向社会公布。

第二十八条 违反本条例规定，给他人造成损害的，依法承担民事责任；构成违反治安管理行为的，依法给予治安管理处罚；构成犯罪的，依法追究刑事责任。

第二十九条 对本条例施行前建立的地方碳排放权交易市场，应当参照本条例的规定健全完善有关管理制度，加强监督管理。

本条例施行后，不再新建地方碳排放权交易市场，重点排放单位不再参与相同温室气体种类和相同行业的地方碳排放权交易市场的碳排放权交易。

第三十条　本条例下列用语的含义：

（一）温室气体，是指大气中吸收和重新放出红外辐射的自然和人为的气态成分，包括二氧化碳、甲烷、氧化亚氮、氢氟碳化物、全氟化碳、六氟化硫和三氟化氮。

（二）碳排放配额，是指分配给重点排放单位规定时期内的二氧化碳等温室气体的排放额度。1个单位碳排放配额相当于向大气排放1吨的二氧化碳当量。

（三）清缴，是指重点排放单位在规定的时限内，向生态环境主管部门缴纳等同于其经核查确认的上一年度温室气体实际排放量的碳排放配额的行为。

第三十一条　重点排放单位消费非化石能源电力的，按照国家有关规定对其碳排放配额和温室气体排放量予以相应调整。

第三十二条　国务院生态环境主管部门会同国务院民用航空等主管部门可以依照本条例规定的原则，根据实际需要，结合民用航空等行业温室气体排放控制的特点，对民用航空等行业的重点排放单位名录制定、碳排放配额发放与清缴、温室气体排放数据统计核算和年度排放报告报送与核查等制定具体管理办法。

第三十三条　本条例自2024年5月1日起施行。

司法部、生态环境部负责人就《碳排放权交易管理暂行条例》答记者问

2024年1月25日，国务院总理李强签署第775号国务院令，公布《碳排放权交易管理暂行条例》（以下简称《条例》），自2024年5月1日起施行。日前，司法部、生态环境部负责人就《条例》的有关问题回答了记者提问。

问：请简要介绍一下《条例》的出台背景。

答：碳排放权交易是通过市场机制控制和减少二氧化碳等温室气体排放、助力积极稳妥推进碳达峰碳中和的重要政策工具。近年来，我国碳排放权交易市场建设稳步推进。2011年10月在北京、天津、上海、重庆、广东、湖北、深圳等地启动地方碳排放权交易市场试点工作，2017年12月启动全国碳排放权交易市场建设，2021年7月全国碳排放权交易市场正式上线交易。上线交易以来，全国碳排放权交易市场运行整体平稳，年均覆盖二

氧化碳排放量约51亿吨，占全国总排放量的比例超过40%。截至2023年底，全国碳排放权交易市场共纳入2257家发电企业，累计成交量约4.4亿吨，成交额约249亿元，碳排放权交易的政策效应初步显现。与此同时，全国碳排放权交易市场制度建设方面的短板日益明显。此前我国还没有关于碳排放权交易管理的法律、行政法规，全国碳排放权交易市场运行管理依据国务院有关部门的规章、文件执行，立法位阶较低，权威性不足，难以满足规范交易活动、保障数据质量、惩处违法行为等实际需要，急需制定专门行政法规，为全国碳排放权交易市场运行管理提供明确法律依据，保障和促进其健康发展。党的二十大报告明确提出健全碳排放权市场交易制度。制定《条例》是落实党的二十大精神的具体举措，也是我国碳排放权交易市场建设发展的客观需要。

问： 这次制定《条例》的总体思路是什么？

答：《条例》制定坚持以习近平新时代中国特色社会主义思想为指导，深入贯彻落实习近平生态文明思想，在总体思路上主要把握了以下几点：一是总结实践经验，坚持全流程管理，覆盖碳排放权交易各主要环节，避免制度空白和盲区。二是立足我国碳排放权交易总体属于新事物、仍在继续探索的实际情况，重在构建基本制度框架，保持相关制度设计必要弹性，为今后发展留有空间。三是坚持问题导向，针对碳排放数据造假突出问题，着力完善制度机制，有效防范惩治，保障碳排放权交易政策功能发挥。

问：《条例》对碳排放权交易确定了什么样的监管体制？

答：明确监督管理体制，是加强碳排放权交易管理的重要方面，也是制定《条例》的重要目的之一。《条例》明确，国务院生态环境主管部门负责碳排放权交易及相关活动的监督管理工作，其他有关部门按照职责分工负责碳排放权交易及相关活动的有关监督管理工作；地方人民政府生态环境主管部门负责本行政区域内碳排放权交易及相关活动的监督管理工作，其他有关部门按照职责分工，负责本行政区域内碳排放权交易及相关活动的有关监督管理工作。为提升监管效能，《条例》还规定国务院生态环境主管部门建立全国碳排放权交易市场管理平台，加强对碳排放权交易及相关活动的全过程监管，并与有关部门实现信息共享。

问：《条例》从哪些方面构建碳排放权交易管理的基本制度框架？

答：《条例》从六个方面构建了碳排放权交易管理的基本制度框架：一是注册登记机构和交易机构的法律地

位和职责。全国碳排放权注册登记机构负责碳排放权交易产品登记，提供交易结算等服务，全国碳排放权交易机构负责组织开展碳排放权集中统一交易。二是碳排放权交易覆盖范围以及交易产品、交易主体和交易方式。国务院生态环境主管部门会同有关部门研究提出碳排放权交易覆盖的温室气体种类（目前为二氧化碳）和行业范围，报国务院批准后实施；碳排放权交易产品包括碳排放配额和经批准的其他现货交易产品，交易主体包括重点排放单位和符合规定的其他主体，交易方式包括协议转让、单向竞价或者符合规定的其他方式。三是重点排放单位确定。国务院生态环境主管部门会同有关部门制定重点排放单位确定条件，省级政府生态环境主管部门会同有关部门据此制定年度重点排放单位名录。四是碳排放配额分配。国务院生态环境主管部门会同有关部门制定年度碳排放配额总量和分配方案，省级政府生态环境主管部门会同有关部门据此向重点排放单位发放配额。五是排放报告编制与核查。重点排放单位应当编制年度温室气体排放报告，省级政府生态环境主管部门对报告进行核查并确认实际排放量。六是碳排放配额清缴和市场交易。重点排放单位应当根据核查结果足额清缴其碳排放配额，并可通过全国碳排放权交易市场购买或者出售碳排放配额，所购碳排放配额可用于清缴。

问：针对碳排放数据造假行为，《条例》规定了哪些制度措施？

答：排放数据真实是碳排放权交易正常进行和发挥政策功能的基本前提。在防范和惩处碳排放数据造假行为方面，《条例》主要从四个方面作了规定：一是强化重点排放单位主体责任。要求重点排放单位制定并严格执行排放数据质量控制方案，如实准确统计核算本单位温室气体排放量、编制年度排放报告并对报告的真实性、完整性、准确性负责，按规定向社会公开信息并保存原始记录和管理台账。二是加强对技术服务机构的管理。受委托开展温室气体排放相关检验检测的技术服务机构应当遵守国家有关技术规程和技术规范要求，对出具的检验检测报告承担相应责任，不得出具虚假报告；受委托编制年度排放报告、对年度排放报告进行技术审核的技术服务机构应当具备国家规定的设施设备、技术能力和技术人员，建立业务质量管理制度，独立、客观、公正开展相关业务，对出具的年度排放报告和技术审核意见承担相应责任，不得篡改、伪造数据资料，不得使用虚假的数据资料或者实施其他弄虚作假行为；技术服务机构在同一省、自治区、直辖市范围内不得同时从事年度排放报告编制和技术审核业务。三是强化监督检查。规定生态环境主管部门和其他负有监督管理职责的部门可以对重点排放单位、技术服务机构进行现场检查，明确现场检查可以采取的措施，并要求被检查者如实反映情况、提供资料，不得拒绝、阻碍。四是加大处罚力度。对在温室气体排放相关检验检测、年度排放报告编制和技术审核中弄虚作假的，规定了罚款、责令停产整治、取消相关资质、禁止从事相应业务等严格的处罚，并建立信用记录制度。

问：《条例》施行后，地方碳排放权交易市场怎么办？

答：《条例》适用于全国碳排放权交易市场的碳排放权交易及相关活动。对于地方碳排放权交易市场，《条例》从两个方面作了规定：一是《条例》施行前建立的地方碳排放权交易市场，应当参照《条例》的规定健全完善相关管理制度，加强监督管理。二是《条例》施行后，不再新建地方碳排放权交易市场，重点排放单位不再参与相同温室气体种类和相同行业的地方碳排放权交易市场的碳排放权交易。

问：为确保《条例》顺利实施，有关方面还将开展哪些工作？

答：确保《条例》顺利实施、落地落实，有很多工作要做。有关方面将着重开展三方面工作：一是持续抓好宣传贯彻。《条例》的专业性比较强，要采取多种方式对《条例》进行宣传，帮助有关部门工作人员、重点排放单位、有关技术服务机构等单位和个人更好地掌握《条例》内容、领会精神实质，做到知法守法。这是一项基础性工作。二是及时跟进配套制度。《条例》确立了碳排放权交易管理的基本制度框架，但要真正落地落实，离不开配套规章、办法、标准等更为具体、操作性更强的规定作支撑。要及时出台相关配套规定。三是完善监管基础设施。碳排放权交易管理专业性、技术性强，要有效实施监管，基础设施的支撑非常关键。其中全国碳排放权交易市场管理平台对于实施全过程、全方位动态监管，提升监管力度具有重要作用。《条例》对全国碳排放权交易市场管理平台建设作了明确规定，有关方面将以《条例》实施为契机，统筹整合各方面力量，加快管理平台建设，提升监管的信息化、智能化水平，形成监管合力。